sonetos

sonetos
manuel du bocage

MARTIN CLARET

SUMÁRIO

Prefácio   7

SONETOS

Apenas vi do dia a luz brilhante   15
Das faixas infantis despido apenas   16
Incultas produções da mocidade   17
Chorosos versos meus desentoados   18
Praias de Sacavém, que Lemnoria   19
Em que estado, meu bem, por ti me vejo   20
De suspirar em vão já fatigado   21
Aflito coração, que o teu tormento   22
A frouxidão no amor é uma ofensa   23
Meu frágil coração, para que adoras   24
Fiei-me nos sorrisos de ventura   25
A teus mimosos pés, meu bem, rendido   26
Olha, Marília, as flautas dos pastores   27
Qual novo Orestes entre as Fúrias brada   28
Quem se vê maltratado e combatido   29
Da pérfida Gertrúria o juramento   30
Senhor, que estás no Céu   31
Meus olhos, atentai no meu jazigo   32
Deploro, caro amigo, o que deploras   33
Deixar, amado bem, teu rosto lindo   34
Se é doce no recente, ameno Estio   35
Minh'alma quer lutar com meu tormento   36
Vai-te, fera cruel, vai-te, inimiga   37
Tenta em vão temerária conjetura   38
Do Mandovi na margem reclinado   39
Adeja, coração, vai ter aos lares   40
Eu deliro, Gertrúria, eu desespero   41
Marília, nos teus olhos buliçosos   42
Há um medonho abismo, onde baqueia   43
Enquanto os bravos, formidáveis Notos   44
Já se afastou de nós o Inverno agreste   45
Por esta solidão que não consente   46
Qual o avaro infeliz, que não descansa   47
Já sobre o coche de ébano estrelado   48
Honroso louro o capitão valente   49

Não, Marília, teu gesto vergonhoso	50
Minh' alma se reparte em pensamentos	51
Não sinto me arrojasse o duro fado	52
Não disfarces, Marília; por Josino	53
Áureo fio sutil, que teve unida	54
Os garços olhos em que Amor brincava	55
Sobranceiro ao poder, e às leis da sorte	56
Amor, que o pensamento me salteias	57
Já de novo a meus olhos aparecem	58
Enquanto o sábio arreiga o pensamento	59
Mimosa, linda Anarda, atende, atende	60
Aquela que na esfera luminosa	61
Nise mimosa, como as Graças pura	62
Esses tesouros, esses bens sagrados	63
De emaranhadas cãs o rosto cheio	64
Às águas, e às areias deste rio	65
Magro, de olhos azuis, carão moreno	66
Nascemos para amar; a Humanidade	67
Nas horas de Morfeu vi a meu lado	68
O ledo passarinho que gorjeia	69
Sobre estas duras, cavernosas fragas	70
Temo que a minha ausência e desventura	71
De radiosas virtudes escoltada	72
Tu és meu coração, tu és meu nume	73
Sonhei que nos meus braços inclinado	74
Oh tranças, de que Amor prisão me tece	75
De cima destas penhas escabrosas	76
Importuna Razão, não me persigas	77
Não temas, ó Ritália, que o choroso	78
Não dês, encanto meu, não dês, Armia	79
Que ideia horrenda te possui, Elmano?	80
Excedo lustros seis por mais três anos	81
Raios não peço ao Criador do mundo	82
Já no calado monumento escuro	83
Em sonhos na escaldada fantasia	84
Eu me ausento de ti, meu pátrio Sado	85
Ah! Que fazes, Elmano. Ah! não te ausentes	86
Ô Deus, ó Rei do céu, do mar, da terra	87
Adamastor cruel!... De teus furores	88
Já por bárbaros climas entranhado	89
Não sou vil delator, vil assassino	90
Quando na rósea nuvem sobe o dia	91
De férreo julgador não vem contigo	92

Liberdade, onde estás? Quem te demora?	93
Liberdade querida, e suspirada	94
Meu ser evaporei na luta insana	95
Já Bocage não sou!... À cova escura	96
Por indústria de uns olhos, mais brilhantes	97
Os suaves eflúvios, que respira	98
Ó terra, onde os seus dons, os seus favores	99
Quer ver uma perdiz chocar um rato	100
De homens e numes suspirado encanto	101
Neste horrível sepulcro da existência	102
Eu vim c'roar em ti minhas desgraças	103
O pesado rigor de dia em dia	104
O guarda-mor da calva para baixo	105
Famosa geração de faladores	106
Dos tórridos sertões, pejados de ouro	107
Cara de réu, com fumos de juiz	108
Tomo segundo à luz saiu das Rimas	109
Tu, França, que na ode és mar em calma	110
Lembrou-se no Brasil bruxa insolente	111
Preside o neto da rainha Ginga	112
Luso heróis, cadáveres cediços	113
Das terras a pior tu és, ó Goa	114
Cala a boca, satírico poeta	115
Camões, grande Camões, quão semelhante	116
Voaste, alma inocente, alma querida	117
Sonho ou velo? Que imagem luminosa	118
Ó tu que tens no seio a eternidade	119
Dsitrai, meu coração, tua amargura	120
Ao crebro som de lúgubre instrumento	121
Se o grande, o que nos orbes diamantinos	122
Sobre os contrários o terror e a morte	123
Ave da morte, que piando agouros	124
Tu, por Deus entre todas escolhida	125
Vós crédulos mortais, alucinados	126
Pela voz do trovão corisco intenso	127
Lá quando a tua voz deu ser ao nada	128
Ó Céus! Que sinto n'alma! Que tormento!	129
Vendo, o soberbo Amor, que eu resistia	130
Quando à que me rendeu jurava ufano	131
Ó retrato da morte, ó noite amiga	132

Do erudito ao boêmio: "Magro de olhos azuis, carão moreno".

FABIO MARIO SILVA*

Evocando o Portugal setecentista, nos deparamos com uma figura polêmica que exaltava os ideais de Liberdade, Igualdade e Fraternidade da Revolução Francesa[1] e criticava o despotismo e os representantes da Igreja. Manuel Maria l'Hedoux Barbosa du Bocage (Setúbal, 1765 — Lisboa, 1805), também conhecido por seu pseudônimo poético, Elmano Sadino, é um dos nomes mais representativos do arcadismo português,[2] embora tendo produzido uma obra com características românticas.[3] Bocage figura nos manuais da História da Literatura Portuguesa com as seguintes características: "O que

---

* Professor de Literatura Portuguesa da Universidade Federal do Sul e Sudeste do Pará e pesquisador do Centro de Literaturas e Culturas Lusófonas e Europeias da Faculdade de Letras da Universidade de Lisboa.

[1] Graça Aranha, num interessante estudo sobre o poeta — *Bocage, a liberdade e a Revolução Francesa* — faz uma análise não da figura literária do poeta, mas da figura histórica, relacionando os ideais políticos e filosóficos franceses como constituição e pano de fundo dos quadros mentais do poeta (ARANHA, Graça. *Bocage, a Liberdade e a revolução Francesa*. Setúbal: Centro de Estudos Bocagianos, 2003).

[2] Segundo Maria Antónia Carmona Mourão e Maria Fernanda Pereira Nunes, no prefácio da obra *Antologia Poética de Bocage*, o poeta conseguia ser árcade e romântico simultaneamente por ser "herdeiro de uma tradição clássica que cultivava a ordem, o brilho, a clareza e o rigor, o poeta conseguia adaptar magistralmente o vulcão romântico dos seus temas aos moldes elegantes e meticulosamente estruturados da educação arcádica recebida" (MOURÃO, Maria Antónia Carmona; NUNES, Maria Fernanda Pereira. Introdução. In: BOCAGE. *Antologia poética*. 3. ed. Lisboa: Ulisseia, 1998. p.37).

[3] É o que afirma, por exemplo, Jacinto do Prado Coelho, ao referir a lírica árcade, na sua ideologia campestre e pastoril, notando também uma poesia lírica caracterizada por um certo pré-romantismo.

o distingue melhor é a agitação psicológica que traz pela primeira vez à poesia portuguesa: o sentimento agudo da personalidade, o horror do aniquilamento da morte".[4]

Filho do advogado José Luís Soares Barbosa e de uma francesa, Mariana Joaquim Xavier Lestof du Bocage,[5] Manuel Maria nasceu numa família de cultura erudita. Sua mãe lhe dava aulas de leitura, seu pai lhe ensinava a língua francesa, e o contato com o latim se deu através dos ensinamentos do padre espanhol D. Juan de Medina, língua que passou a dominar e que foi extremamente importante para a sua formação.

Um fato trágico, logo aos dez anos de idade, veio marcar sua vida, a perda da mãe querida: "Aos dois lustros, a morte doravante/ Me roubou, terna mãe, teu doce agrado,". Por isso, segundo Hernâni Cidade,[6] aos quatorze anos, longe dos carinhos da mãe, Manuel Maria interrompe seus estudos de Humanidade e ingressa no quartel em Setúbal, transferindo-se, dois anos mais tarde, para Lisboa, onde irá fazer parte da Companhia dos Guardas-Marinhos. Nesse período a vida na capital lhe proporciona um ambiente no qual podia entrar em contato com outras culturas e com um meio intelectual e político ativamente inflamado pelos ideais franceses. As histórias literárias também revelam que Bocage, na sua boêmia lisboeta, era frequentemente visto de sorriso, a dizer pilhérias, como um palhaço que distrai o público; todavia, intimamente, estava marcado de angústias, carregando um eterno fado, como constatamos no seguinte trecho do soneto "Ave da morte, que piando agouros": "Nome no tempo, e ser na eternidade!/ Que fado! Ó ponto escuro, assoma embora,/ Dê-me o piedoso adeus comum saudade."

Sua poesia, refletindo vários momentos da vida, é marcada por vozes de sujeitos poéticos apaixonados. Por essa razão, frequentemente se repetem nomes de mulheres, como Marília, Anarda,

---

[4] LOPES, Óscar; SARAIVA, António José. *História da Literatura Portuguesa*. 16. ed.

[5] O poeta terá adotado o sobrenome materno, por estar, cremos, mais ligado à cultura francesa e à mãe.

[6] Vale destacar que Hernâni Cidade é autor de um importante estudo sobre Bocage: CIDADE, Hernâni. *Bocage*. 2. ed. Bacarena: Presença, 2005.

Tirsália, Elmira, Jónia, Nise, Ritália. Contudo, Gertrudes — a Gertrúria dos versos arcádicos — marcará para sempre sua vida. Ela constitui o amor platônico que o consumirá, lhe inspirará versos e o fará buscar em outras mulheres aquilo que nunca teve com sua amada. Ela representa o unguento para as chagas de seu coração.

Em 1786, nomeado guarda-marinho do Estado da Índia, com saudades de sua amada, segue para Goa, fazendo escala no Rio de Janeiro, onde é recebido pelo vice-rei, Luís de Vasconcelos de Sousa Veiga Caminha e Faro. Goa, entretanto, não tem nada a oferecer ao poeta que desprezou a terra e as pessoas que a habitavam: "Das terras a pior tu és, ó Goa." Mesmo no Oriente, Bocage não perde o ar irônico,[7] escandalizando a sociedade, provocando desconfianças e suscitando invejas. O que fica de positivo na sua passagem por Goa é a promoção, em 1789, a tenente da infantaria. Transfere-se, neste mesmo ano, para Damão e depois deserta. O poeta é um inconstante, sempre. Por fim, chegando em Surrate, enamora-se de uma das mais lindas e devassas mulheres da cidade. Ela é Ana Jacques Manteigui, a quem dedica cinco poemas. Desiludido com o amor vai para Macau, onde tem de mendigar para sobreviver. Por isso, logo clama a proteção da colônia portuguesa. Contudo, através de uma nova amizade, a do negociante Joaquim Pereira de Almeida, torna-se possível sua volta a Goa, e de lá a Portugal. Seu objetivo é chegar à pátria. Também é necessário destacar o seu desejo de fugir da miséria (que o atormenta no Oriente), e de reencontrar Gertrudes, agora, casada.

Ao retornar a Lisboa, neste período de 1790, leva uma vida consumida por insônias, bebidas, tabaco e mulheres. Reconhecido por sua improvisação literária e seu lirismo, é acatado pela Academia Literária Nova Arcádia (fundada em 1790) que o convida para sócio. Neste círculo literário, reúne-se a colegas intelectuais, em ambiente alegrado pelas modinhas brasileiras, o requinte da mesa de chá e

---

[7] Gostaríamos de salientar que, nesta edição, um dos sonetos em que fica clara essa temática, bem como o estilo do autor, é "O guarda-mor da calva para baixo". Como também se faz necessário frisar que além dos sonetos o poeta escreveu odes, canções, cantatas, idílias, sátiras, alegorias, elogios e epigramas.

bolos, mais os recitais que, segundo "Elmano", promovem o elogio mútuo e a mesquinhez do grupo. Por esse motivo, ele se torna crítico da Arcádia, construindo poemas irônicos, que apontam o caráter ridículo do grupo.

Ao publicar, em 1791, o primeiro tomo de suas *Rimas* — que logo se esgota — Bocage escandaliza a sociedade com uma poesia de componentes erótica e satírica. Nesse momento crítico, o poeta se refugia no único lugar em que pode estar a salvo de "moscas":[8] nas celas dos conventos dos amigos frades.[9] Mesmo assim é preso, em 1797, tendo sido acusado de ser perigoso para o Estado pela autoria de "alguns ímpios papéis, sediciosos e críticos, que nestes últimos tempos se têm espalhado por esta corte e reino [...]". Assim, passa quatro meses em clausura, inspirando-lhe muitos versos. Nesse período, vale-se da influência de amigos que o ajudam a ir para uma prisão inquisitorial, para a qual iam os presos com delitos menores, passando ali pouco tempo e cumprindo, depois, penitência no Mosteiro São Bento da Saúde. Por fim, fez amizades preciosas com os frades oratorianos com quem trabalhou na sua última etapa regeneratória, no Hospício das Necessidades.

Em 1798 é restituído à sociedade, voltando a ter uma vida boêmia, embora estivesse já bastante adoentado, e a trabalhar incessantemente no seu segundo tomo de *Rimas* (publicado em 1799), dedicado a António José Alvares, amigo que o acompanhou durante o cárcere. Segundo Bocage, a demora na publicação desse segundo volume aconteceu porque os seus versos tinham sido roubados, em Santarém, no ano de 1793.

A partir deste período o poeta se entrega aos vícios do cigarro e da bebida, mas também trabalha intensamente na produção dos

---

[8] Diogo Inácio de Pina Manique, nome importante da política da rainha D. Maria I, temendo agitações políticas, instaurou um sistema de espionagem chamado "as moscas", que tinha como objetivos principais reprimir severamente ameaças advindas dos pensamentos revolucionários que ameaçavam a religião, a moral e os bons costumes.

[9] Apesar de Bocage ser um exímio crítico de "frades e hipócritas", os homens clericais lhe deram abrigo, comida e moradia sempre que precisou, algo visto com desconfiança por outros clérigos e pelas autoridades.

seus últimos versos, o que lhe causa um aneurisma que consumiu todo o seu corpo. Em 1804 é publicado o seu terceiro tomo de *Rimas*, dedicado à Marquesa de Alorna, sinal de gratidão, provavelmente, por a poetisa ter feito chegar o primeiro tomo de suas poesias a Fílinto Elísio.

Por fim, nos seus últimos dias, sofrendo e já imóvel no seu leito, recebe a visita de amigos, até dos que ele próprio tinha injuriado, como os poetas da Nova Arcádia, morrendo no dia 21 de dezembro de 1805.

Efetivamente, Bocage viveu numa época conflitante: de um lado, o despotismo, a repressão e o domínio religioso, impregnados de ideais tradicionalistas do Estado feudal; do outro lado, uma sociedade que procurava se saciar dos novos ideais iluministas, revolução que proporcionaria àqueles que viviam longe da aristocracia portuguesa e na marginália uma nova perspectiva de vida. As conotações eróticas, de sensibilidade romântica e de caráter satírico, o transformam num poeta com diferentes facetas: apelo aos sentidos, crítica anticlerical (apesar dos amigos frades), constituição de cenários bucólicos e idealistas, sendo as temáticas que abordam o amor (seja o profano ou o sonhador), a morte e o ciúme parte dos índices que foram constituídos através de suas experiências pessoais e desenganosas com suas amadas), as imagens femininas deificadas, as temáticas religiosas, bem como os temas que se referem à liberdade, os principais substratos poéticos das suas composições que podemos resumir a um único verso seu: "O nosso temperamento é o nosso fado".

Por isso, o Bocage que apresentamos nesta antologia reflete todo o antagonismo do seu próprio perfil biográfico, mostrando até os contrastes de sua época. Afirma David Mourão-Ferreira: "o maior drama de Bocage, o mais pungente, foi o de ter vivido em tempo que lhe não convinha".

SONETOS

1
Apenas vi do dia a luz brilhante

Apenas vi do dia a luz brilhante
Lá de Tubal no empório celebrado,
Em sanguíneo carácter foi marcado
Pelos destinos meu primeiro instante.

Aos dois lustros a morte devorante
Me roubou, terna mãe, teu doce agrado;
Segui Marte depois, e enfim meu fado
Dos irmãos e do pai me pôs distante.

Vagando a curva terra, o mar profundo,
Longe da pátria, longe da ventura,
Minhas faces com lágrimas inundo.

E enquanto insana multidão procura
Essas quimeras, esses bens do mundo,
Suspiro pela paz da sepultura.

2
Das faixas infantis despido apenas

Das faixas infantis despido apenas,
Sentia o sacro fogo arder na mente;
Meu tenro coração inda inocente
Iam ganhando as plácidas Camenas.

Faces gentis, angélicas, serenas,
De olhos suaves o volver fulgente,
Da ideia me extraíam de repente
Mil simples, maviosas cantinelas.

O tempo me soprou fervor divino,
E as Musas me fizeram desgraçado,
Desgraçado me fez o Deus Menino.

O Amor quis esquivar-se, e ao dom sagrado;
Mas vendo no meu gênio o meu destino,
Que havia de fazer? Cedi ao fado.

3
Incultas produções da mocidade

Incultas produções da mocidade
Exponho a vossos olhos, ó leitores;
Vede-as com mágoa, vede-as com piedade,
Que elas buscam piedade, e não louvores.

Ponderai da Fortuna a variedade
Nos meus suspiros, lágrimas e amores;
Notai dos males seus a imensidade,
A curta duração dos seus favores.

E se entre versos mil de sentimento
Encontrardes alguns, cuja aparência
Indique festival contentamento,

Crede, ó mortais, que foram com violência
Escritos pela mão do Fingimento,
Cantados pela voz da Dependência.

4
Chorosos versos meus desentoados

Chorosos versos meus desentoados,
Sem arte, sem beleza, e sem brandura,
Urdidos pela mão da Desventura,
Pela baça Tristeza envenenados;

Vede a luz, não busqueis, desesperados,
No mudo esquecimento a sepultura;
Se os ditosos vos lerem sem ternura,
Ler-vos-ão com ternura os desgraçados.

Não vos inspire, ó versos, cobardia,
Da sátira mordaz o furor louco,
Da maldizente voz a tirania.

Desculpa tendes, se valeis tão pouco;
Que não pode cantar com melodia
Um peito, de gemer cansado e rouco.

5
Praias de Sacavém, que Lemnoria

Praias de Sacavém, que Lemnoria
Orna c'os pés nevados e mimosos,
Gotejantes penedos cavernosos
Que do Tejo cobris a margem fria.

De vós me desarreiga a tirania
Dos ásperos Destinos poderosos,
Que não querem que eu logre os amorosos
Olhos, aonde jaz minha alegria.

Ó funesto, ó penoso apartamento!
Objeto encantador de meus sentidos,
A sorte o manda assim, de ti me ausento.

Mas inda lá de longe os meus gemidos
Guiadas por Amor, cortando o vento,
Virão, ninfa querida, a teus ouvidos.

6
Em que estado, meu bem, por ti me vejo

Em que estado, meu bem, por ti me vejo,
Em que estado infeliz, penoso e duro!
Delido o coração de um fogo impuro,
Meus pesados grilhões adoro e beijo.

Quando te logro mais, mais te desejo,
Quando te encontro mais, mais te procuro,
Quando mo juras mais, menos seguro
Julgo esse doce amor, que adorna o pejo.

Assim passo, assim vivo, assim meus fados
Me desarraigam da alma a paz e o riso,
Sendo só meu sustento os meus cuidados.

E de todo apagada a luz do siso,
Esquecem-me (ai de mim!) por teus agrados
Morte, juízo, inferno e paraíso.

7
De suspirar em vão já fatigado

De suspirar em vão já fatigado,
Dando trégua a meus males, eu dormia.
Eis que junto de mim sonhei que via
Da morte o gesto lívido e mirrado.

Curva fouce no punho descarnado
Sustentava a cruel, e me dizia:
"Eu venho terminar tua agonia;
Morre, não penes mais, ó desgraçado..."

Quis ferir-me, e de Amor foi atalhada,
Que armado de cruentos passadores
Aparece, e lhe diz com voz irada:

"Emprega noutro objeto os teus rigores;
Que esta vida infeliz está guardada
Para vítima só de meus furores".

8
Aflito coração, que o teu tormento

Aflito coração, que o teu tormento,
Que os teus desejos tácito devoras,
E ao doce objeto, às perfeições que adoras,
Só te vás explicar com pensamento.

Infeliz coração, recobra alento,
Seca as inúteis lágrimas, que choras;
Tu cevas o teu mal, porque demoras
Os voos ao ditoso atrevimento.

Inflama surdos ais, que o medo esfria;
Um bem tão suspirado, e tão subido,
Como se há de ganhar sem ousadia?

Ao vencedor afoute-se o vencido;
Longe o respeito, longe a cobardia;
Morres de fraco? Morre de atrevido.

9
A frouxidão no amor é uma ofensa

A frouxidão no amor é uma ofensa,
Ofensa que se eleva a grau supremo
Paixão requer paixão, fervor e extremo
Com extremo e fervor se recompensa.

Vê qual sou, vê qual és, vê que dif'rença!
Eu descoro, eu praguejo, eu ardo, eu gemo,
Eu choro, eu desespero, eu clamo, eu tremo;
Em sombras a razão se me condensa.

Tu só tens gratidão, só tens brandura,
E antes que um coração pouco amoroso
Quisera ver-te uma alma ingrata e dura.

Talvez me enfadaria aspecto iroso;
Mas de teu peito a lânguida ternura
Tem-me cativo, e não me faz ditoso.

10
Meu frágil coração, para que adoras

Meu frágil coração, para que adoras,
Para que adoras, se não tens ventura?
Se uns olhos, de quem ardes na luz pura,
Folgando estão das lágrimas que choras?

Os dias vês fugir, voar as horas
Sem achar neles visos de ternura;
E inda a louca esp'rança te figura
O prêmio dos martírios, que devoras!

Desfaz as trevas de um funesto engano,
Que não hás de vencer a inimizade
De um gênio contra ti sempre tirano.

A justa, a sacrossanta divindade
Não força, não violenta o peito humano,
E queres constranger-lhe a liberdade?

11
Fiei-me nos sorrisos de ventura

Fiei-me nos sorrisos de ventura,
Em mimos femininos, como fui louco!
Vi raiar o prazer; porém tão pouco
Momentâneo relâmpago não dura.

No meio agora desta selva escura,
Dentro deste penedo úmido e oco
Pareço, até no tom lúgubre e rouco,
Triste sombra a carpir na sepultura.

Que estância para mim tão própria é esta!
Causais-me um doce e fúnebre transporte,
Áridos matos, lôbrega floresta!

Ah! Não me roubou tudo a negra sorte:
Inda tenho este abrigo, inda me resta
O pranto, a queixa, a solidão e a morte.

12
A teus mimosos pés, meu bem, rendido

A teus mimosos pés, meu bem, rendido,
Confirmo os votos, que a traição manchara;
Fumam de novo incensos sobre a ara
Que a vil ingratidão tinha abatido.

De novo sobre as asas de um gemido
Te of´reço o coração, que te agravara;
Saudoso torno a ti, qual torna à cara
Perdida pátria o mísero banido.

Renovemos o nó por mim desfeito,
Que eu já maldigo o tempo desgraçado
Em que a teus olhos não vivi sujeito;

Concede-me outra vez o antigo agrado;
Que mais queres? Eu choro, e no meu peito
O punhal do remorso está cravado.

13
Olha, Marília, as flautas dos pastores

Olha, Marília, as flautas dos pastores,
Que bom que soam, como estão cadentes!
Olha o Tejo a sorrir-te! Olha, não sentes
Os Zéfiros brincar por entre flores?

Vê como ali, beijando-se, os Amores
Incitam nossos ósculos ardentes!
Ei-las de planta em planta as inocentes,
As vagas borboletas de mil cores.

Naquele arbusto o rouxinol suspira,
Ora nas folhas a abelhinha para,
Ora nos ares sussurrando gira:

Que alegre campo! Que manhã tão clara!
Mas ah! tudo o que vês, se eu te não vira,
Mais tristeza que a morte me causara.

14
Qual novo Orestes entre as Fúrias brada

Qual novo Orestes entre as Fúrias brada,
Infeliz, que não crês no Onipotente;
Com sistema sacrílego desmente
A razão luminosa, a fé sagrada.

Tua bárbara voz iguale ao nada
O que em todas as coisas tens presente;
Basta que o sábio, o justo, o pio, o crente
Louve a mão contra os maus do raio armada.

Mas vê, blasfemo ateu, vê, monstro horrendo,
Que a bruta opinião que, cego, expressas,
A si mesma se está contradizendo:

Pois quando de negar um Deus não cessas,
De tudo o inerte Acaso autor fazendo,
No Acaso, a teu pesar, um Deus confessas!

15
Quem se vê maltratado e combatido

Quem se vê maltratado e combatido
Pelas cruéis angústias da indigência;
Quem sofre de inimigos a violência,
Quem geme de tiranos oprimido;

Quem não pode ultrajado e perseguido
Achar nos Céus, ou nos mortais, clemência;
Quem chora finalmente a dura ausência
De um bem, que para sempre está perdido

Folgará de viver, quando não passa
Nem um momento em paz, quando a amargura
O coração lhe arranca e despedaça?

Ah! só deve agradar-lhe a sepultura
Que a vida para os tristes é desgraça,
A morte para os tristes é ventura.

16
Da pérfida Gertrúria o juramento

Da pérfida Gertrúria o juramento
Parece-me que estou inda escutando,
E que inda ao som da voz suave e brando
Encolhe as asas, de encantado, o vento.

No vasto, infatigável pensamento
Os mimos da perjura estou notando...
Eis Amor, eis as Graças festejando
Dos ternos votos o feliz momento.

Mas, ah!... Da minha rápida alegria
Para que acendes mais as vivas cores,
Lisonjeiro pincel da fantasia?

Basta, cega paixão, loucos amores;
Esqueçam-se os prazeres de algum dia,
Tão belos, tão duráveis como as flores.

17
Senhor, que estás no Céu

Senhor, que estás no Céu, que vês na Terra
Meu frágil coração desfeito em pranto,
Pelas ânsias mortais, o ardor, o encanto
Com que lhe move Amor terrível guerra;

Já que poder imenso em ti se encerra,
Já que aos ingénuos ais atendes tanto,
Socorre-me, entre os Santos Sacrossanto,
Criminosas paixões de mim desterra.

Fugir aos laços de um gentil semblante
Não posso eu só; da Tua mão preciso,
Com que prostrou David o atroz gigante.

Fira-me a contrição, torne-me o siso,
Acode-me, Senhor, põe-me diante
Morte, Juízo, Inferno e Paraíso.

18
Meus olhos, atentai no meu jazigo

Meus olhos, atentai no meu jazigo,
Que o momento da morte está chegando;
Lá soa o corvo, intérprete do fado;
Bem o entendo, bem sei, fala comigo.

Triunfa, Amor, gloria-te, inimigo;
E tu, que vês com dor meu duro estado,
Volve à terra o cadáver macerado,
O despojo mortal do triste amigo.

Na campa, que o cobrir, piedoso Albano,
Ministra aos corações, que Amor flagela,
Terror, piedade, aviso, e desengano;

Abre em meu nome este epitáfio nela:
"Eu fui, ternos mortais, o terno Elmano;
Morri de ingratidões, matou-me Isabela".

19
Deploro, caro amigo, o que deploras

Deploro, caro amigo, o que deploras
Com porfiosa dor, com dor interna;
Perdeste a doce esposa, a sócia terna,
Que presente adoraste, e longe adoras.

Mas pensa, quando gemes, quando choras,
Que por alto poder, que nos governa,
Ela habita do bem na estância eterna,
E na estância do mal tu inda moras.

Revê no coração, na fantasia
A índole gentil, suave e pura,
Com que menos que o Céu não merecia.

Olha cultos gozando a cinza escura;
Do corpo, em que brilhava uma alma pia,
É quase, é quase altar a sepultura!

20
Deixar, amado bem, teu rosto lindo

Deixar, amado bem, teu rosto lindo,
Teus afagos deixar, tua candura,
Tanto me oprime, que da morte escura,
Sobre mim negras sombras vêm caindo.

Eu parto, e vou teu nome repetindo,
Porque dê desafogo à mágoa dura;
Meus tristes ais, suspiros de amargura,
Aquém dos mares ficarás ouvindo.

Mas se me cercam no cruel transporte
Quantas fúrias o báratro vomita,
Se meu mal é pior que a mesma morte,

O fado em me aterrar em vão cogita!
Com todo o seu poder não pode a sorte
Tua imagem riscar desta alma aflita!

21
Se é doce no recente, ameno Estio

Se é doce no recente, ameno Estio
Ver toucar-se a manhã de etéreas flores,
E, lambendo as areias e os verdores,
Mole e queixoso deslizar-se o rio;

Se é doce no inocente desafio
Ouvirem-se os voláteis amadores,
Seus versos modulando, e seus ardores
De entre os aromas de pomar sombrio;

Se é doce mares, céus ver anilados
Pela quadra gentil, de Amor querida,
Que esperta os corações, floreia os prados;

Mais doce é ver-te de meus ais vencida,
Dar-me em teus brandos olhos desmaiados
Morte, morte de amor, melhor que a vida.

22
Minh'alma quer lutar com meu tormento

Minh'alma quer lutar com meu tormento;
Contenda inútil! É por ele o Fado.
Antes de oprimir-me está cansado,
Eterna força lhe refaz o alento.

Mais vale que delire o pensamento
Té agora co'a Razão debalde armado;
É menos triste, menos duro estado
A Desesperação, que o Sofrimento:

A Desesperação soluça e chora,
A Desesperação mil ais desata,
Parte do mal nas queixas se evapora:

O Sofrimento azeda o que recata;
Prende suspiros, lágrimas devora,
Tiraniza, consome, e às vezes mata.

23
Vai-te, fera cruel, vai-te, inimiga

Vai-te, fera cruel, vai-te, inimiga,
Horror do mundo, escândalo da gente,
Que um férreo peito, uma alma que não sente,
Não merece a paixão, que me afadiga.

O Céu te falte, a Terra te persiga,
Negras fúrias o Inferno te apresente,
E da baça tristeza o voraz dente
Morda o vil coração, que amor não liga.

Disfarçados, mortíferos venenos
Entre licor suave em áurea taça
Mão vingativa te prepare ao menos;

E seja, seja tal a tua desgraça,
Que ainda por mais leves, mais pequenos
Os meus tormentos invejar te faça.

24
Tenta em vão temerária conjetura

Tenta em vão temerária conjetura
Sondar o abismo do invisível Fado,
Que, de umbrosos mistérios enlutado,
Some aos olhos mortais a luz futura.

Presumia (ai de mim!) vendo a ternura
Daquela, que me trouxe enfeitiçado,
Presumia que Amor tinha guardado
Nos braços do meu bem minha ventura.

Oh Terra! Oh Céu! Mentiram-me os brilhantes
Olhos seus, onde achei suave abrigo;
Quão fáceis de enganar são os amantes!

Humanos, que seguis as leis que sigo,
Vós, corações, que ao meu sois semelhantes,
Ah! comigo aprendei, chorai comigo.

25
Do Mandovi na margem reclinado

Do Mandovi na margem reclinado
Chorei debalde minha negra sina,
Qual o mísero vate de Corina
Nas tomitanas praias desterrado.

Mais duro fez ali meu duro fado
Da vil Calúnia a língua viperina;
Até que aos mares da longínqua China
Fui por bravos tufões arremessado.

Atassalhou-me a serpe, que devora
Tantos mil, perseguiu-me o grão gigante
Que no terrível promontório mora.

Por bárbaros sertões gemi vagante;
Falta-me inda o pior, falta-me agora
Ver Gertrúria nos braços doutro amante!

26
Adeja, coração, vai ter aos lares

Adeja, coração, vai ter aos lares,
Ditosos lares, que Gertrúria pisa;
Olha, se inda te guarda a fé mais lisa,
Vê, se inda tem pesar dos teus pesares.

No fulgor dos seus olhos singulares
Crestando as asas, tua dor suaviza;
Amor de lá te chama, te divisa,
Interpostos em vão tão longos mares.

Dize-lhe, que do tempo o leve giro
Não faz abalo em ti, não faz mudança,
Que ainda lhe és fiel neste retiro.

Sim, pinta-lhe imortal minha lembrança;
Dá-lhe teus ais, e pede-lhe um suspiro
Que alente, coração, tua esperança.

27
Eu deliro, Gertrúria, eu desespero

Eu deliro, Gertrúria, eu desespero
No inferno de suspeitas e temores;
Eu da morte as angústias e os horrores
Por mil vezes sem morrer tolero.

Pelo Céu, por teus olhos te assevero
Que ferve esta alma em cândidos amores;
Longe o prazer de ilícitos favores!
Quero o teu coração, mais nada quero.

Ah! não sejas também qual é comigo
A cega divindade, a Sorte dura,
A vária Deusa, que me nega abrigo!

Tudo perdi: mas valha-me a ternura;
Amor me valha, e pague-me contigo
Os roubos que me faz a má ventura.

28
Marília, nos teus olhos buliçosos

Marília, nos teus olhos buliçosos
Os Amores gentis seu facho acendem;
A teus lábios voando os ares fendem
Terníssimos desejos sequiosos.

Teus cabelos sutis e luminosos
Mil vistas cegam, mil vontades prendem;
E em arte de Minerva se não rendem
Teus alvos curtos dedos melindrosos.

Resiste em teus costumes a candura,
Mora a firmeza no teu peito amante,
A razão com teus risos se mistura.

És dos céus o composto mais brilhante;
Deram-se as mãos Virtude e Formosura
Para criar tua alma e teu semblante.

29
Há um medonho abismo, onde baqueia

Há um medonho abismo, onde baqueia
A impulsos das paixões a humanidade;
Impera ali terrível divindade,
Que de torvos ministros se rodeia.

Rubro facho a Discórdia ali meneia,
Que a mil cenas de horror dá claridade;
Com seus sócios, Traição, Mordacidade,
Range os dentes a Inveja escura e feia.

Vê-se a Morte cruel no punho alçando
O ferro de sanguento ervado gume,
E a toda a natureza ameaçando.

Vê-se arder, fumegar sulfúreo lume...
Que estrondo! Que pavor! Que abismo infando!...
Mortais, não é o Inferno, é o Ciúme!

30
Enquanto os bravos, formidáveis Notos

Enquanto os bravos, formidáveis Notos
Por entre os cabos trêmulos zunindo,
O fendente baixel vão sacudindo
A climas, do meu clima tão remotos.

Enquanto de Nereu contínuos motos
Na vacilante popa estou sentindo,
Ao meu ídolo amado, ausente e lindo,
Formo nas mãos de Amor sagrados votos.

Mordaz tristeza o coração me corte,
Sofra tudo, ó Gertrúria, por amar-te,
Farte-se embora a cólera da sorte.

Mas talvez (ai de mim!) que se não farte,
Que ou tua variedade, ou minha morte,
Me roube as esperanças de lograr-te.

31
Já se afastou de nós o Inverno agreste

Já se afastou de nós o Inverno agreste
Envolto nos seus úmidos vapores;
A fértil Primavera, a mãe das flores,
O prado ameno de boninas veste.

Varrendo os ares o sutil Nordeste
Os torna azuis; as aves de mil cores
Adejam entre Zéfiros e Amores,
E torna o fresco Tejo a cor celeste.

Vem, ó Marília, vem lograr comigo
Destes alegres campos a beleza,
Destas copadas árvores o abrigo.

Deixa louvar da corte a vã grandeza;
Quanto me agrada mais estar contigo
Notando as perfeições da Natureza!

32
Por esta solidão que não consente

Por esta solidão que não consente
Nem do sol, nem da Lua a claridade;
Ralado o peito já pela saudade
Dou mil gemidos a Marília ausente.

De seus crimes a mancha inda recente
Lava Amor, e triunfa da verdade;
A beleza, apesar da falsidade,
Me ocupa o coração, me ocupa a mente.

Lembram-me aqueles olhos tentadores,
Aquelas mãos, aquele riso, aquela
Boca suave, que respira amores...

Ah, trazei-me ilusões, a ingrata, a bela!
Pintai-me vós, ó sonhos, entre flores,
Suspirando outra vez nos braços dela.

33
Qual o avaro infeliz, que não descansa

Qual o avaro infeliz, que não descansa,
Volvendo os olhos dum para outro lado,
Por cuidar que ao tesouro idolatrado
Cobiçosa vontade as mãos lhe lança,

Tal eu, meu doce amor, minha esperança,
De suspeitas cruéis atormentado,
Receio que a distância, o tempo, o fado
Te arranquem meus carinhos da lembrança.

Receio que, por minha adversidade,
Novo amante sagaz e lisonjeiro
Macule de teus votos a lealdade.

Ah! crê, bela Gertrúria, que o primeiro
Dia, em que eu chore a tua variedade,
Será da minha vida o derradeiro.

34
Já sobre o coche de ébano estrelado

Já sobre o coche de ébano estrelado
Deu meio giro a noite escura e feia;
Que profundo silêncio me rodeia
Neste deserto bosque, à luz vedado!

Jaz entre as folhas Zéfiro abafado,
O Tejo adormeceu na lisa areia;
Nem o mavioso rouxinol gorjeia,
Nem pia o mocho, às trevas costumado.

Só eu velo, só eu, pedindo à sorte
Que o fio, com que está minh'alma presa
À vil matéria lânguida, me corte.

Consola-me este horror, esta tristeza;
Porque a meus olhos se afigura a morte
No silêncio total da Natureza.

35
Honroso louro o capitão valente

Honroso louro o capitão valente
Ganhe embora na férvida peleja;
Seu nome a fama espalhe, e geralmente
Com pasmo e com respeito ouvido seja.

Embora o torpe avaro, o vil demente,
Que para os ferrolhar mil bens deseja,
De ricas peças de metal fulgente
Seus amplos cofres atulhados veja;

Embora de lisonjas incensado
Tenha o monarca às suas leis sujeito
O povo mais feliz, mais afamado;

Que a mim, para que viva satisfeito,
Me basta possuir teu doce agrado,
Ter lugar, ó Marília, no teu peito

36
Não, Marília, teu gesto vergonhoso

Não, Marília, teu gesto vergonhoso,
A luz dos olhos teus, serena e pura,
Teu riso, que enche as almas de ternura,
Agora meigo, agora desdenhoso;

Tua cândida mão, teu pé mimoso,
Tuas mil perfeições, crer que a ventura
As guarda para mim, fora loucura;
Nem sou digno de ti, nem sou ditoso.

E que mortal, enfim, que peito humano
Merece os braços teus, ó ninfa amada?
Que Narciso? Que herói? Que soberano?

Mas que lê minha mente iluminada!...
Céus!... Penetro o futuro!... Ah, não me engano;
De Jove para o toro estás guardada.

37
Minh' alma se reparte em pensamentos

Minh' alma se reparte em pensamentos
Todos escuros, todos pavorosos;
Pondero quão terríveis, quão penosos
São, existência minha, os teus momentos.

Dos males que sofri, cruéis, violentos,
A Amor, e aos Fados contra mim teimosos,
Outros inda mais tristes, mais custosos
Deduzo com fatais pressentimentos.

Rasgo o véu do futuro, e lá diviso
Novos danos urdindo Amor, e os Fados,
Para roubar-me a vida após o siso.

Ah! Vem, Marília, vem com teus agrados,
Com teu sereno olhar, teu brando riso
Furtar-me a fantasia a mil cuidados.

38
Não sinto me arrojasse o duro fado

Não sinto me arrojasse o duro fado
Nesta abóbada feia, horrenda, escura,
Nesta dos vivos negra sepultura,
Onde a luz nunca entrou do Sol dourado.

Não me consterna o ver-me traspassado
Com mil golpes cruéis da desventura,
Porque bem sei que a frágil criatura
Raramente é feliz no mundo errado.

Não choro a liberdade, que enleada
Tenho em férreas prisões, e a paz ditosa,
Que voou da minh'alma atribulada.

Só sinto que Marília rigorosa,
Entre os braços de Aônio reclinada
Zombe da minha sorte lastimosa.

39
Não disfarces, Marília; por Josino

Não disfarces, Marília; por Josino
Já nos teus olhos a paixão flameja;
E em que parte estará, que se não veja
O tenro deus, o alígero menino?

Inda que ostentes de ânimo ferino,
Há quem teu níveo peito abrase, e reja;
Porém, Marília, dize-me qual seja
A causa justa de um amor tão fino?

Nesse, que as esquivanças te suaviza,
Encontras uma férvida ternura,
Um coração brioso, uma alma lisa?

Seus méritos quais são?... Mas, oh loucura!
Quem é feliz, que méritos precisa?
Que dons há de mister quem tem ventura?

40
Áureo fio sutil, que teve unida

Áureo fio sutil, que teve unida
A corpo imaculado uma alma pura,
De mimoso estalou, e a sepultura
Ficou do teu despojo enriquecida.

De mil graças lustrosa a doce vida
Subiu ao cume da imortal ventura;
Dois nomes — Inocência e Formosura —
Vão dando ao mundo eterna despedida.

Lá onde a morte e a terra te devoram,
Na estância do silêncio e da tristeza,
Inda, Marília, corações te adoram;

Longe da tua divinal beleza
Aos olhos que te viram, que te choram,
Um túmulo parece a Natureza.

41
Os garços olhos em que Amor brincava

Os garços olhos em que Amor brincava
Os rubros lábios, em que Amor se ria,
As longas tranças, de que Amor pendia,
As lindas faces, onde Amor Brilhava;

As melindrosas mãos, que Amor beijava,
Os níveos braços, onde Amor dormia,
Foram dados, Armânia, à terra fria,
Pelo fatal poder que a tudo agrava.

Seguiu-te Amor ao tácito jazigo,
Entre as irmãs cobertas de amargura;
E eu que faço (ai de mim!) como não os sigo!

Que há no mundo que ver, se a formosura,
Se Amor, se as Graças, se o prazer contigo
Jazem no eterno da sepultura?

42
Sobranceiro ao poder, e às leis da sorte

Sobranceiro ao poder, e às leis da sorte,
Amor ouviu meus ais, cumpriu meu gosto:
Já, já sinto nos olhos, peito e rosto
A névoa, as ânsias, o suor da morte.

À terra mão piedosa me transporte,
E depois que em sepulcro mal composto
Der ao frio cadáver frio encosto,
Estes versos por dó na pedra corte:

"Aqui se esconde Elmano; alegre estado
Algum tempo deveu à amiga estrela,
Foi de Armia amador, de Armia amado.

Desuniu duro caso o triste e a bela;
Viver sem ela lhe ordenava o fado;
Quis antes o infeliz morrer por ela".

43
Amor, que o pensamento me salteias

Amor, que o pensamento me salteias
Co'as memórias de Anália a cada instante;
Tirano, que vaidoso e triunfante
Me apertas mais e mais servis cadeias.

Doces as aflições com que me anseias,
Se, ao ver-se de meus olhos tão distante,
Soltasse Anália um ai do peito amante,
E o fogo antigo lhe inflamasse as veias!

Mas é talvez o exemplo das perjuras,
Outro amima talvez, enquanto eu choro,
Morrendo de saudosas amarguras!

E pelo ardente excesso com que adoro,
Ao clarão de medonhas conjecturas,
Vejo o fantasma da traição que ignoro.

44
Já de novo a meus olhos aparecem

Já de novo a meus olhos aparecem
A graça, o riso, as flores da alegria;
Já na minha teimosa fantasia
Cuidados que velavam adormecem.

Co'a verdade ilusões se desvanecem,
Qual foge o triste mocho à luz do dia;
Providente Razão, porém tardia,
Já sobre esta alma teus auxílios descem.

Como, cega paixão, nos persuades!
Quando em Márcia não vi senão beleza
Julguei que dava glória às divindades.

Mas de sacro fulgar co'a mente aceso
Noto-lhe o coração, e as falsidades,
Vejo que faz injúria à Natureza.

45
Enquanto o sábio arreiga o pensamento

Enquanto o sábio arreiga o pensamento
Nos fenómenos teus, oh Natureza!
Ou solta árduo problema, ou sobre a mesa
Volve o sutil geométrico instrumento.

Enquanto, alçando a mais o entendimento,
Estuda os vastos céus, e com certeza
Reconhece dos astros a grandeza,
A distância, o lugar e o movimento.

Enquanto o sábio, enfim, mais sabiamente
Se remónta nas asas do sentido
À corte do Senhor onipotente.

Eu louco, eu cego, eu mísero, eu perdido
De ti só trago cheia, ó Jônia, a mente;
Do mais, e de mim mesmo ando esquecido.

46
Mimosa, linda Anarda, atende, atende

Mimosa, linda Anarda, atende, atende
As doces mágoas do rendido Elmano;
C'um meigo riso, c'um suave engano
Consola o triste amor, que não te ofende.

De teus cabelos ondeados pende
Meu coração, fiel para seu dano;
Co'a luz dos olhos teu Cupido ufano
Sustenta o puro fogo, em que me acende.

Causa gentil das lágrimas que choro,
A tudo te antepõe minha ternura,
E quanto adoro o céu, teu rosto adoro.

O golpe, que me deste, anima e cura...
Mas ai! que em vão suspiro, em vão te imploro:
Não pertence a piedade à formosura.

47
Aquela que na esfera luminosa

Aquela, que na esfera luminosa
Precedendo a manhã, qual astro brilha,
Mãe dos Amores, das espumas filha,
Que o mar na concha azul passeia airosa,

Apenas viu sorrir Nise formosa,
A quem dos corações o deus se humilha,
Do cinto desatando a áurea presilha,
No regaço lho pôs, leda e mimosa:

"Não te é, bem sei (lhe diz), não te é preciso;
Para atrair vontades à ternura
Basta-te um gesto, basta-te um sorriso.

Mas deves possuí-lo, ó ninfa pura,
Como troféu, que dê ao mundo aviso
De que Vênus te cede em formosura".

48
Nise mimosa, como as Graças pura

Nise mimosa, como as Graças pura,
Amável Nise como as Graças bela,
Se inda em teus olhos me pertence aquela
Maviosa afeição, que fere e cura,

Um ai, penhor de Cândida ternura,
Envia ao triste, que esmorece, anela;
Que em ti cuidando solitário vela
No seio antigo de masmorra escura.

Mandai-lhe um ai, meu bem; com ele afaga
Do ansioso amante o coração ferido,
A quem mordaz saudade assanha a chaga;

Das minhas aflições compadecido
Nas asas cor de neve Amor o traga;
Pago será com mil um só gemido.

49
Esses tesouros, esses bens sagrados

Esses tesouros, esses bens sagrados
Para os cegos mortais, bens de que abunda
Ásia guerreira, América fecunda,
Filhos da terra, pelo sol gerados:

Honras, grandezas ,títulos inchados,
Servil incenso, adulação jucunda,
Não quero, não, que sobre mim difunda
Amiga destra de risonhos Fados.

Quero que as Fúrias hórridas me escoltem,
Quero que contra mim, que em vão deliro,
Os racionais e irracionais se voltem,

Quero da morte o formidável tiro,
Contanto, ó Jônia, que meus lábios soltem
Nesses teus lábios o final suspiro.

50
De emaranhadas cãs o rosto cheio

De emaranhadas cãs o rosto cheio,
De açacalada fouce armado o braço,
Giganteia estatura, aspecto baço,
Um velho em sonhos vi, medonho e feio.

"Não tenhas, ó mortal, de mim receio;
O Tempo sou (me diz) eu despedaço
Os colossos, os mármores desfaço,
Prostro a vaidade, a formosura afeio.

Mas sabendo a razão de teus pesares,
Pela primeira vez enternecido,
A falar-te baixei dos tênues ares:

Sofre, por ora, o jugo de Cupido,
Que eu farei, quando menos o cuidares,
Que te escape Natércia do sentido."

51
Às águas, e às areias deste rio

Às águas, e às areias deste rio
Às flores, e aos Favônios deste prado,
Meus danos conto, minhas mágoas fio,
Dou queixas contra Ismene, Amor e o Fado.

A paz do coração posta em desvio,
O gosto em desenganos sufocado,
Lágrimas com lembranças desafio
E pela tarda morte às vezes brado.

Tão maviosos sãos meus ais mesquinhos,
Tanto pode a paixão que em mim suspira,
Que se esquecem das mães os cordeirinhos;

O vento não se mexe, nem respira;
Deixam de namorar-se os passarinhos,
Para me ouvir chorar ao som da lira.

52
Magro, de olhos azuis, carão moreno

Magro, de olhos azuis, carão moreno,
Bem servido de pés, meão na altura,
Triste de facha, o mesmo de figura,
Nariz alto no meio, e não pequeno;

Incapaz de assistir num só terreno,
Mais propenso ao furor do que à ternura,
Bebendo em níveas mãos por taça escura
De zelos infernais letal veneno;

Devoto incensador de mil deidades
(Digo, de moças mil) num só momento,
E somente no altar amando os frades;

Eis Bocage, em que luz algum talento;
Saíram dele mesmo estas verdades
Num dia em que se achou mais pachorrento.

53
Nascemos para amar; a Humanidade

Nascemos para amar; a Humanidade
Vai tarde ou cedo aos laços da ternura.
Tu és doce atrativo, ó Formosura,
Que encanta, que seduz, que persuade.

Enleia-se por gosto a liberdade;
E depois que a paixão n'alma se apura,
Alguns então lhe chamam desventura,
Chamam-lhe alguns então felicidade.

Qual se abisma nas lôbregas tristezas,
Qual em suaves júbilos discorre,
Com esperanças mil na ideia acesas.

Amor ou desfalece, ou para, ou corre;
E, segundo as diversas naturezas,
Um porfia, este esquece, aquele morre.

54
Nas horas de Morfeu vi a meu lado

Nas horas de Morfeu vi a meu lado
Pavoroso gigante, enorme vulto:
Tinha na mão sinistra, e quase oculto,
Volume em férrea pasta encadernado.

— Ah! Quem és (lhe pergunto arrepiado),
Mereces o meu ódio, ou o meu culto?
"Sou (me diz) o que, em sombras, te sepulto,
Sou teu perseguidor, teu mal, teu fado.

Corres, triste mortal, por minha conta.
Mas há de a meu despeito haver quem corte
A série de tormentos, que te afronta.

Poder vem perto, que te mude a sorte;
Lá tens o teu regresso..." E nisto aponta,
Olho rapidamente, e vejo a Morte.

55
O ledo passarinho que gorjeia

O ledo passarinho que gorjeia,
D'alma exprimindo a cândida ternura,
O rio transparente, que murmura,
E por entre pedrinhas serpenteia;

O Sol, que o céu diáfano passeia,
A Lua, que lhe deve a formosura,
O sorriso da aurora alegre e pura,
A rosa, que entre os zéfiros ondeia;

A serena, amorosa Primavera,
O doce autor das glórias que consigo,
A deusa das paixões, e de Citera;

Quanto digo, meu bem, quanto não digo,
Tudo em tua presença degenera.
Nada se pode comparar contigo.

56
Sobre estas duras, cavernosas fragas

Sobre estas duras, cavernosas fragas,
Que o marinho furor vai carcomendo,
Me estão negras paixões na alma fervendo
Como fervem no pego as crespas vagas.

Razão feroz, o coração me indagas,
De meus erros a sombra esclarecendo,
E vás nele (ai de mim!) palpando, e vendo
De agudas ânsias venenosas chagas.

Cego a meus males, surdo a teu reclamo,
Mil objetos de horror co'a ideia eu corro,
Solto gemidos, lágrimas derramo.

Razão, de que me serve o teu socorro?
Mandas-me não amar, eu ardo, eu amo;
Dizes-me que sossegue, eu peno, eu morro.

57
Temo que a minha ausência e desventura

Temo que a minha ausência e desventura
Vão na tua alma, docemente acesa,
Apoucando os excessos da firmeza,
Rebatendo os assaltos da ternura;

Temo que a tua singular candura
Leve o Tempo, fugaz, nas asas presa,
Que é quase sempre o vício da beleza
Génio mudável, condição perjura.

Temo; e se o fado mau, fado inimigo,
Confirmar impiamente este receio,
Espectro perseguidor, que anda comigo,

Com rosto alguma vez de mágoa cheio,
Recorda-te de mim, dize contigo:
"Era fiel, amava-me, e deixei-o".

58
De radiosas virtudes escoltada

De radiosas virtudes escoltada
Deste imaturo adeus ao mundo triste
Co'a mente no almo pólo, aonde existe
Bem, que sempre se goza, e nunca enfada,

À fouce, a segar vidas destinada,
Mansíssima cordeira o colo uniste;
O que é do céu ao céu restituíste,
Restituíste ao nada o que é do nada.

E inda gemo, inda choro, alma querida,
Teu fado amigo, tua dita imensa,
Que em vez de pranto a júbilo convida!

Ah! pio acordo minha mágoa vença;
É cativeiro para o justo a vida.
A morte para o justo é recompensa.

59
Tu és meu coração, tu és meu nume

Tu és meu coração, tu és meu nume;
Não vivi pra mim do mundo o resto;
A morte, a vida, os céus, meu fado atesto,
Meu fado, que em teus olhos se resume.

Mas com frequente, ríspido queixume
Os mimosos ouvidos te molesto;
Dias de ouro, e de amor (ah!) toldo, empesto
Co'as trevas mais que horríveis do ciúme.

Olho-te as graças, olho-te a beleza,
E cuido que enfeitiças por meu dano
Quantos entes abrange a Natureza!

Socorre, doce Márcia, o triste Elmano;
Oh! que infernal tormento o da incerteza!
Ao menos é só morte o desengano

60
Sonhei que nos meus braços inclinado

Sonhei que nos meus braços inclinado
Teu rosto encantador, Gertrúria, via;
Que mil ávidos beijos me sofria
Teu níveo colo, para os mais sagrado.

Sonhei que era feliz por ser ousado,
Que o siso, a força, a voz a cor perdia
Num êxtase suave, em que bebia
O néctar nem por Jove inda libado.

Mas no mais doce, no melhor momento
Exalando um suspiro de ternura
Acordo, acho-te só no pensamento.

Ó destino cruel! Ó sorte escura!
Que nem me dure um vão contentamento!
Que nem me dure em sonhos a ventura!

61
Oh tranças, de que Amor prisão me tece

Oh tranças, de que Amor prisão me tece,
Oh mãos de neve, que regeis meu fado!
Oh tesouro! Oh mistério! Oh par sagrado,
Onde o menino alígero adormece.

Oh ledos olhos, cuja luz parece
Tênue raio de Sol! Oh gesto amado,
De rosas e açucenas semeado
Por quem morrera esta alma, se pudesse!

Oh lábios, cujo riso a paz me tira,
E por cujos dulcíssimos favores
Talvez o próprio Júpiter suspira!

Oh perfeições! Oh dons encantadores!
De quem sois?... Sois de Vênus? — É mentira;
Sois de Marília, sois de meus amores.

62
De cima destas penhas escabrosas

De cima destas penhas escabrosas
Que pouco a pouco as ondas têm minado,
Da Lua c'o reflexo prateado
Distingo de Marília as mãos formosas.

Ah! que lindas que são, que melindrosas!
Sinto-me louco, sinto-me encantado;
Ah! quando elas vos colhem lá no prado
Nem vós, lírios, brilhais, nem vós, ó rosas!

Deuses! Céus! Tudo o mais que tendes feito
Vendo tão belas mãos me dá desgosto;
Nada, onde elas estão, nada é perfeito.

Oh! quem pudera uni-las ao meu rosto!
Quem pudera apertá-las no meu peito!
Dar-lhes mil beijos, e expirar de gosto.

63
Importuna Razão, não me persigas

Importuna Razão, não me persigas;
Cesse a ríspida voz que em vão murmura;
Se a lei de Amor, se a força da ternura
Nem domas, nem contrastas, nem mitigas.

Se acusas os mortais, e os não obrigas,
Se (conhecendo o mal) não dás a cura,
Deixa-me apreciar minha loucura,
Importuna Razão, não me persigas.

É teu fim, teu projeto encher de pejo
Esta alma, frágil vítima daquela
Que, injusta e vária, noutros laços vejo.

Queres que fuja de Marília bela,
Que a maldiga, a desdenhe; e o meu desejo
É carpir, delirar, morrer por ela.

64
Não temas, ó Ritália, que o choroso

Não temas, ó Ritália, que o choroso,
O desvelado Elmano a fé quebrante,
Não desconfias do singelo amante,
Que tu podes, tu só, fazer ditoso.

Serena o coração terno e cioso
Que inda minh'alma te há de ser constante
Se, primeiro que a tua, andar errante
Pelas margens do Letes preguiçoso.

Naquela ao sol inacessível parte,
Dos manes taciturnos entre o bando
Ao negro esquecimento hei de furtar-te.

E o pensamento alígero voando
Por abafados ares, visitar-te
Dali virá, meu bem, de quando em quando.

65
Não dês, encanto meu, não dês, Armia

Não dês, encanto meu, não dês, Armia,
Ternas lamentações ao surdo vento;
Se amorosa impaciência é um tormento,
Com ledas esperanças se alivia.

A rigorosa mãe, que te vigia,
Em vão nos prende o lúcido momento
E em que solto, adejando o pensamento,
Sobe ao cume da glória, e da alegria.

As fadigas de Amor não valem tanto
Como a doce, a furtiva recompensa
Que outorga, inda que tarde, aos ais, e ao pranto.

Amantes estorvar, que astúcia pensa?
Tem asas o desejo, a noite um manto,
Obstáculos não há, que o Amor não vença.

66
Que ideia horrenda te possui, Elmano?

Que ideia horrenda te possui, Elmano?
Que ardente frenesi teu peito inflama?
A razão te ilumine, apaga a chama,
Reprime a raiva do ciúme insano.

Esperanças consome, ou vive ufano,
Ah! foge, ou cinge da vitória a rama;
Ama-te a bela Armia, ou não te ama?
Seus ais são da ternura, ou são do engano?

Se te ama, não consternem teus queixumes
Os olhos de que estás enfeitiçado,
Do puro céu de Amor benignos lumes:

Se outro na alma de Armia anda gravado,
Que fruto hás de colher dos vãos ciúmes?
Ser odioso, além de desgraçado.

67
Excedo lustros seis por mais três anos

Excedo lustros seis por mais três anos,
Mas bem que juvenis meus anos sejam,
Já murcham de agonia, e já me alvejam
Não raro na cabeça os desenganos.

Os fados, meus verdugos, meus tiranos,
Que de Pandora o cofre em mim despejam
Folgam de que os mortais nas cãs me vejam
Tristes amostras de frequentes danos.

Parece que devia formosura
Vingar-me dos cruéis comigo irados,
E da ternura o prêmio ser ternura.

Mas, Nise (oh vãos extremos desgraçados!),
Na trança infausta branquear procura
O resto escuro, que escapou aos fados.

68
Raios não peço ao Criador do mundo

Raios não peço ao Criador do mundo,
Tormentas não suplico ao rei dos mares,
Vulcões à terra, furacões aos ares,
Negros monstros ao báratro profundo.

Não rogo ao deus do Amor, que furibundo
Te arremesse do pé de seus altares;
Ou que a peste mortal voe a teus lares,
E murche o teu semblante rubicundo.

Nada imploro em teu dano, ainda que os laços
Urdidos pela fé, com vil mudança
Fizeste, ingrata Nise, em mil pedaços.

Não quero outro despique, outra vingança,
Mais que ver-te em poder de indignos braços,
E dizer quem te perde, e quem te alcança.

69
Já no calado monumento escuro

Já no calado monumento escuro
Em cinzas se desfez teu corpo brando;
E pude eu ver, ó Nise, o doce, o puro
Lume dos olhos teus ir-se apagando.

Hórridas brenhas, solidões procuro,
Grutas sem luz frenético demando,
Onde maldigo o fado acerbo e duro.
Teu riso, teus afagos suspirando,

Darei da minha dor contínua prova,
Em sombras cevarei minha saudade,
Insaciável sempre e sempre nova,

Té que torne a gozar da claridade
Da luz, que me inflamou, que se renova
No seio da brilhante eternidade.

70
Em sonhos na escaldada fantasia

Em sonhos na escaldada fantasia
Vi que torvo dragão de olhos fogosos
Com afiados dentes sanguinosos
As tépidas entranhas me rompia.

Alva ninfa louçã, que parecia
A mãe dos Amorinhos melindrosos,
Raivosa contra mim c´os pés mimosos
Mais o drago faminto embravecia.

De mármore a meu pranto, a meu queixume,
Deste mal, deste horror sem dó, sem pena,
Via dos olhos meus sumir-se o lume.

Ah! Não foi ilusão tão triste cena:
O monstro devorante era Ciúme,
A cruel, que o pungia, era Filena.

71
Eu me ausento de ti, meu pátrio Sado

Eu me ausento de ti, meu pátrio Sado,
Mansa corrente deleitosa, amena,
Em cuja praia o nome Filena
Mil vezes tenho escrito, e mil beijado.

Nunca mais me verás entre o meu gado
Soprando a namorada e branda avena,
A cujo som descia mais serena,
Mais vagarosa para o mar salgado.

Devo enfim manejar a lei da sorte,
Cajados não, mortíferos alfanges
Nos campos do colérico Mavorte.

E talvez entre impávidas falanges
Testemunhas farei da minha morte
Remotas margens, que umedece o Ganges.

72
Ah! que fazes, Elmano. Ah! não te ausentes

Ah! que fazes, Elmano. Ah! não te ausentes
Dos braços de Gertrúria carinhosa.
Trocas do Tejo a margem deleitosa
Por bárbaro país, bárbaras gentes?

Um tigre te gerou, se dó não sentes
Vendo tão consternada e tão saudosa
A tágide mais linda e mais mimosa;
Ah! que fazes, Elmano? Ah! não te ausentes

Teme os duros cachopos, treme, insano,
Do enorme Adamastor, que sempre vela
Entre as fúrias e os monstros do Oceano.

Olha nos lábios de Gertrúria bela
Como suspira Amor!... vê, vê, tirano,
As Graças a chorar nos olhos dela.

73
Ó Deus, ó Rei do céu, do mar, da terra

Ó Deus, ó Rei do céu, do mar, da terra
(Pois só me restam lágrimas, clamores)
Suspende os teus horríssonos furores,
O corisco, o trovão, que a tudo aterra.

Nos subterrâneos cárceres encerra
Os procelosos monstros berradores,
Que enchendo os ares de infernais vapores
Parece que entre si travaram guerra.

Para nós compassivo os olhos lança,
Perdoa ao fraco lenho, atende ao pranto
Dos tristes, que em ti põem sua esperança!

Às densas trevas despedaça o manto,
Faze, em sinal de próxima bonança,
Brilhar no etéreo tope o lume santo!

74
Adamastor cruel!... De teus furores

Adamastor cruel!... De teus furores
Quantas vezes me lembro horrorizado!
Ó monstro! Quantas vezes tens tragado
Do soberbo Oriente os domadores!

Parece-me que entregue a vis traidores
Estou vendo Sepúlveda afamado,
Co'a esposa, e co's filhinhos abraçado
Qual Mavorte com Vénus e os Amores.

Parece-me que vejo o triste esposo,
Perdida a tenra prole e a bela dama,
Às garras dos leões correr furioso.

Bem te vingaste em nós do afoito Gama!
Pelos nossos desastres és famoso:
Maldito Adamastor! Maldita fama!

75
Já por bárbaros climas entranhado

Já por bárbaros climas entranhado,
Já por mares inóspitos vagante,
Vítima triste da fortuna errante,
Té dos mais desprezíveis desprezado.

Da fagueira esperança abandonado,
Lassas as forças, pálido o semblante,
Sinto rasgar meu peito a cada instante
A mágoa de morrer expatriado.

Mas, ah! que bem maior, se contra a sorte
Lá do sepulcro no sagrado hospício
Refúgio me promete a amiga Morte!

Vem, pois, ó nume aos míseros propício,
Vem livrar-me da mão pesada e forte,
Que de rastos me leva ao precipício!

76
Não sou vil delator, vil assassino

Não sou vil delator, vil assassino,
Ímpio, cruel, sacrílego, blasfemo;
Um Deus adoro, a eternidade temo,
Conheço que há vontade e não destino.

Ao saber e à virtude a fronte inclino;
Se chora e geme o triste, eu choro, eu gemo;
Chamo à beneficência um dom supremo;
Julgo a doce amizade um bem divino.

Amo a pátria, amo as leis, precisos laços
Que mantêm dos mortais a convivência,
E de infames grilhões oiço ameaços!

Vejo-me exposto à rígida violência
Mal folgo e canto e durmo nos teus braços,
Amiga da Razão, pura Inocência.

77
Quando na rósea nuvem sobe o dia

Quando na rósea nuvem sobe o dia
De risos esmaltando a Natureza,
Bem que me aclare as sombras da tristeza
Um tempo sem sabor me principia.

Quando por entre os véus da noite fria
A máquina celeste observo acesa,
De angústia, de terror a imagens presa
Começa a devorar-me a fantasia.

Por mais ardentes preces, que lhe faço,
Meus ais não ouve o nume sonolento,
Nem prende a minha dor com tênue laço.

No inferno se me troca o pensamento.
Céus! Por que hei de existir, por quê, se passo
Dias de enjoo, e noites de tormento?

78
De férreo julgador não vem contigo

De férreo julgador não vem contigo
Rugosa catadura, ações austeras;
Antes de ser juiz já homem eras,
E achas mais glorioso o nome antigo.

O amargor, a tristeza do castigo
Que impõem ao curvo crime as leis severas,
Co'a benigna clemência tu temperas,
Dos réus, que gemem, benfeitor e amigo.

Se árdua rocha imitando, ou rijo muro,
Reprovar, detrair tua piedade
Tirano coração, caráter duro,

Dele te vingue a doce Humanidade,
Que de agravos do Tempo estás seguro:
Meus versos te darão a eternidade.

79
Liberdade, onde estás? Quem te demora?

Liberdade, onde estás? Quem te demora?
Quem faz que o teu influxo em nós não caia?
Por que (triste de mim!), por que não raia
Já na esfera de Lísia a tua aurora?

Da santa redenção é vinda a hora
A esta parte do mundo, que desmaia.
Oh! venha... Oh! venha, e trêmulo descaia
Despotismo feroz, que nos devora!

Eia! Acode ao mortal, que frio e mudo
Oculta o pátrio amor, torce a verdade,
E em fingir, por temor, empenha estudo.

Movam nossos grilhões tua piedade;
Nosso nume tu és, e glória, e tudo,
Mãe do gênio, e prazer, óh liberdade!

80
Liberdade querida, e suspirada

Liberdade querida, e suspirada
Que o despotismo acérrimo condena,
Liberdade, a meus olhos mais serena
Que o sereno clarão da madrugada.

Atende à minha voz, que geme e brada
Por ver-te, por gozar-te a face amena;
Liberdade gentil, desterra a pena
Em que esta alma infeliz jaz sepultada.

Vem, ó deusa imortal, vem maravilha,
Vem, ó consolação da humanidade,
Cujo semblante mais que os astros brilha,

Vem, solta-me o grilhão da adversidade;
Dos céus descende, pois dos céus és filha,
Mãe dos prazeres, doce Liberdade!

81
Meu ser evaporei na luta insana

Meu ser evaporei na luta insana
Do tropel de paixões, que me arrastava.
Ah! cego eu cria, ah! mísero eu sonhava
Em mim quase imortal a essência humana.

De que inúmeros sóis a mente ufana
Existência falaz me não dourava!
Mas eis sucumbe Natureza escrava
Ao mal, que a vida em sua orgia dana.

Prazeres, sócios meus e meus tiranos!
Esta alma, que sedenta em si não coube,
No abismo vos sumiu dos desenganos

Deus, ó Deus!... Quando a morte à luz me roube
Ganhe um momento o que perderam anos,
Saiba morrer o que viver não soube.

82
Já Bocage não sou!... À cova escura

Já Bocage não sou!... À cova escura
Meu estro vai parar desfeito em vento...
Eu aos céus ultrajei! O meu tormento
Leve me torne sempre a terra dura.

Conheço agora já quão vã figura
Em prosa e verso fez meu louco intento.
Musa... Tivera algum merecimento,
Se um raio da razão seguisse pura!

Eu me arrependo; a língua quase fria
Brade em alto pregão à mocidade,
Que atrás do som fantástico corria:

Outro Aretino fui... A santidade
Manchei!... Oh! se me creste, gente impia,
Rasga meus versos, crê na eternidade.

83
Por indústria de uns olhos, mais brilhantes

Por indústria de uns olhos, mais brilhantes
Que o refulgente sol dos céus no cume,
Jaz preso entre os grilhões do idálio nume
O mais terno e sensível dos amantes.

Uma ingrata, exemplar das inconstantes,
Por gênio, por sistema, ou por costume,
Todo o fel da tristeza e do ciúme
Lhe verte sobre os míseros instantes.

Se com piedoso afeto lhe suaviza,
Lhe engana alguma vez a dor, que o mata,
Mil vezes com desdéns o tiraniza.

O laço aperta, e súbito o desata...
Ah! doce encanto meu, gentil Felisa,
O desgraçado eu sou, tu és ingrata.

84
Os suaves eflúvios, que respira

Os suaves eflúvios, que respira
A flor de Vênus, a melhor das flores,
Exala de teus lábios tentadores,
Ó doce, ó bela, ó desejada Elmira.

A que nasceu das ondas, se te vira,
A seu pesar cantara os teus louvores;
Ditoso quem por ti morre de amores!
Ditoso quem por ti, meu bem, suspira.

E mil vezes ditoso o que merece
Um teu furtivo olhar, um teu sorriso,
Por quem da mãe formosa Amor se esquece!

O sacrílego ateu, sem lei, sem siso,
Contemple-te uma vez, que então conhece
Que é força haver um Deus, e um paraíso.

85
Ó terra, onde os seus dons, os seus favores

Ó terra, onde os seus dons, os seus favores
Derrama de áureo cofre a Natureza,
Que na estação de gelo e da tristeza
Borda teus prados de verdura e flores;

Ó clima dos heróis, e dos amores,
Esmalte e perfeição da redondeza,
Tu, que abrigas em ti tanta beleza,
Tantos olhos gentis, e encantadores;

Tu, que do grego errante e cauteloso,
Da mão que ao nada reduziu Dardânia,
Tens em teus campos monumento honroso;

Deles todos, ó pátria, ó Lusitânia,
O do Tejo é mais ledo, é mais viçoso
Graças ao riso da celeste Armânia.

86
Quer ver uma perdiz chocar um rato

Quer ver uma perdiz chocar um rato,
Quer ensinar a um burro anatomia,
Exterminar de Goa a senhoria,
Ouvir miar um cão, ladrar um gato;

Quer ir pescar um tubarão no mato,
Namorar nos serralhos da Turquia,
Escaldar uma perna em água fria,
Ver uma cobra castiçar c'um pato;

Quer ir num dia de Surrate a Roma,
Lograr saúde sem comer dois anos,
Salvar-se por milagre de Mafoma;

Quer despir a bazófia aos castelhanos,
Das penas infernais fazer a soma,
Quem procura amizade em vis gafanos.

87
De homens e numes suspirado encanto

De homens e numes suspirado encanto,
Lília, inocente como virgem rosa,
Lília mais branda, Lília mais formosa
Que a ninfa etérea, de puníceo manto,

Eu, e os Amores, que perderam tanto,
Damos-te às cinzas oblação mimosa.
Curva goteje minha dor saudosa
Na mole of'renda, que requer meu pranto.

Em teu sagrado, perenal retiro,
Disponho ao som de lânguidas querelas,
A rosa, o cravo, a tulipa, o suspiro.

Medrai no chão de amor, florinhas belas...
Ah! Lília, eu gozo o céu!... Lília, eu respiro
Tua alma pura na fragrância delas!

88
Neste horrível sepulcro da existência

Neste horrível sepulcro da existência
O triste coração de dor se parte;
A mesquinha razão se vê sem arte,
Com que dome a frenética impaciência.

Aqui pela opressão, pela violência
Que em todos os sentidos se reparte,
Transitório poder quer imitar-te,
Eterna, vingadora onipotência!

Aqui onde o que o peito abrange e sente,
Na mais ampla expressão acha estreiteza,
Negra ideia do abismo assombra a mente.

Difere acaso da infernal tristeza
Não ver terra, nem céu, nem mar, nem gente,
Ser vivo, e não gozar da Natureza?

89
Eu vim c'roar em ti minhas desgraças

Eu vim c'roar em ti minhas desgraças,
Bem como Ovídio mísero entre os getas,
Terra sem lei, madrasta de poetas,
Estuporada mãe de gentes baças.

Teus filhos, antes cães de muitas raças,
Que não mordem com dentes, mas com tretas,
E que impingir-nos vêm, como a patetas,
Gatos por lebres, ostras por vidraças.

Tens varias casas, armazéns de ratos,
Tens febres, mordexins em demasia,
De que escapamos a poder de tratos.

Mas, a tua pior epidemia,
O mal, que em todos dá, que produz flatos,
É a vã, negregada senhoria.

90
O pesado rigor de dia em dia

O pesado rigor de dia em dia
Se apure contra nós, opresso amigo;
Tolere, arraste vis grilhões contigo
Quem contigo altos bens gozar devia.

De nossa amarga sorte escura, impia,
Colha triunfos tácito inimigo;
Sombra como a do lúgubre jazigo
Nos cubra de mortal melancolia.

Custam fadigas a virtude, a glória;
Por entre abrolhos se caminha ao monte,
Ao templo da honorífica Memória.

Posto que hoje a calúnia nos afronte,
Inda serão talvez na longa história
Dois nomes imortais — Bocage e Ponte!

91
O guarda-mor da calva para baixo

O guarda-mor da calva para baixo
E mais desagradável que um capucho;
Não tem bofe, nem fígado, nem bucho,
Mais chato me parece que um capacho.

As costas são cavernas de um patacho,
Os queixos são as guelras dum cachucho,
Tem figura de mágico, ou de bruxo,
Na cabeça miolos lhe não acho.

Afeta no exterior santo de nicho,
Por dentro é mais sinistro do que um mocho,
E aloja mais peçonha do que um bicho.

O que os outros têm cheio, ele tem chocho;
O que é nos mais vassoura, nele é lixo;
E anda isto entre nós! Ah, bom arrocho!

92
Famosa geração de faladores

Famosa geração de faladores
Soa que foi, Riseu, a origem tua;
Que nem todos os cães ladrando à Lua,
Tiveram que fazer com teus maiores.

Um a língua ensinou dos palradores,
Outro o moto-contínuo achou na sua:
Outro, além de encovar toda uma rua,
Açaimou numa junta a cem doutores.

Teu avô, santanário venerando,
Soube mais orações que mil beatas,
Com reza impertinente os Céus zangando.

Teu pai foi um trovão de pataratas;
Teu tio, o bacharel, morreu falando;
Tu falando, Riseu, não morres, matas.

93
Dos tórridos sertões, pejados de ouro

Dos tórridos sertões, pejados de ouro,
Saiu um sabichão de escassa fama,
Que os livros preza, os cartapácios ama,
Que das línguas repartem o tesouro.

Arranha o persiano, arranha o mouro,
Sabe que Deus em turco Alá se chama;
Que no grego alfabeto o G é gama,
Que taurus em latim quer dizer touro.

Para papaguear saiu do mato.
Abocanha talentos, que não goza.
É mono, e prega unhadas como gato.

É nada em verso, quase nada em prosa.
Não conheces, leitor, neste retrato,
O guapo charlatão Tomé Barbosa?

94
Cara de réu, com fumos de juiz

Cara de réu, com fumos de juiz,
Figura de presepe, ou de entremez.
Mal haja quem te sofre, e quem te fez,
Já que mordeste as décimas que fiz.

Hei de pôr-te na testa um T com giz
Por mais e mais pinotes que tu dês;
E depois, com dois murros ou com três,
Acabrunhar-te os queixos e o nariz.

Quem da cachola vã te inflama o gás,
E a abocanhares sílabas te induz,
Ó dos brutos e alarves capataz?

Nem sabes o A B C, pobre lapuz;
E pasmo de que, sendo um Satanás,
Com tinta faças o sinal da cruz!

95
Tomo segundo à luz saiu das Rimas

Tomo segundo à luz saiu das "Rimas
De José Daniel Rodrigues Costa",
Obra mui devagar, mui bem composta,
E sujeita depois a doutas limas.

Fala em ópios, em manas, fala em primas;
Diz coisas de que a plebe não desgosta,
Morde em peraltas, na relé disposta
A saltos, macaquices, pantomimas.

Por estas e por outras que tem feito
Verá qualquer leitor nas obras suas
Que ele para versar nasceu com jeito.

Acham-se em tendas, acham-se em comuas;
E para lhe aumentar honra e proveito,
As vende o próprio autor por essas ruas.

96
Tu, França, que na ode és mar em calma

Tu, França, que na ode és mar em calma;
Tu, mocho da piéria soledade,
Bernardo, a quem no horror da escuridade
Com dois versos à morte o estro acalma;

Quintanilha, pigmeu no corpo e n'alma;
Da matriz de Almoster tu, calvo abade;
Belmiro, anão de Apollo, e tu, ex-frade,
Que em trovas de bum-bum levas a palma;

Vates, que mereceis do cardo a rama;
Turba, que as setas da calúnia afias;
Momentâneo borrão da alheia fama,

Dá cabo das sessões, com que enfastias;
Por mão do secretario entrega à chama
Papelada servil de ninharias!

97
Lembrou-se no Brasil bruxa insolente

Lembrou-se no Brasil bruxa insolente
De armar ao pobre mundo estranha peta;
Procura um mono, que infernal careta
Lhe faz de longe, e lhe arreganha o dente.

Pilhando-o por mercê do averno ardente,
Conserva-lhe as feições na face preta;
Corta-lhe a cauda, veste-o de roupeta,
E os guinchos lhe converte em voz de gente.

Deixa-lhe os calos, deixa-lhe a catinga;
Eis entre os lusos o animal sem rabo
Prole se aclama da rainha Ginga.

Dos versistas se diz modelo e cabo;
A sua alta ciência é a mandinga,
O seu benigno Apolo é o Diabo.

98
Preside o neto da rainha Ginga

Preside o neto da rainha Ginga
A corja vil, aduladora, insana:
Traz sujo moço amostras de chanfana,
Em copos desiguais se esgota a pinga:

Vem pão, manteiga e chá, tudo à catinga;
Masca farinha a turba americana;
E o orangotango a corda à banza abana,
Com gestos e visagens de mandinga.

Um bando de comparsas logo acode
Do fofo Conde ao novo Talaveiras;
Improvisa berrando o rouco bode,

Aplaudem de contínuo as frioleiras,
Belmiro em ditirambo, o ex-frade em ode;
Eis aqui de Lereno as quartas-feiras.

99
Lusos heróis, cadáveres cediços

Lusos heróis, cadáveres cediços,
Erguei-vos dentre o pó, sombras honradas.
Surgi, vinde exercer as mãos mirradas
Nestes vis, nestes cães, nestes mestiços.

Vinde salvar destes pardais castiços
As searas de arroz, por vós ganhadas;
Mas ah! poupai-lhe as filhas delicadas,
Que elas culpa não têm, têm mil feitiços.

De pavor ante vós no chão se deite
Tanto fusco rajá, tanto nababo,
E as vossas ordens trémulo respeite;

Vão para as várzeas, leve-os o Diabo;
Andem como os avós, sem mais enfeite
Que o langotim, diâmetro do rabo.

100
Das terras a pior tu és, ó Goa

Das terras a pior tu és, ó Goa,
Tu pareces mais ermo que cidade,
Mas alojas em ti maior vaidade
Que Londres, que Paris ou que Lisboa.

A chusma de teus íncolas pregoa
Que excede o grão Senhor na qualidade;
Tudo quer senhoria; o próprio frade
Alega, para tê-la, o jus da c'roa!

De timbres prenhe estás; mas ouro e prata
Em cruzes, com que dantes te benzias,
Foge a teus infanções de bolsa chata.

Oh, que feliz e esplêndida serias,
Se algum fusco Merlim, que faz bagata,
Te alborcasse a pardaus as senhorias!

101
Cala a boca, satírico poeta

Cala a boca, satírico poeta,
Não te metas no rol dos maldizentes;
Não tragas os mestiços entre dentes,
Restitui ao carcás a ervada seta.

Dizes que é má nação, que é casta abjeta,
Fruto de enxertos vis? Irra! Tu mentes;
Vai ver-lhe os seus papéis: são descendentes
Do solar de Hidalcão por linha reta.

Vem de heróis, quais não viu Cartago ou Roma;
De seus avós, andantes cavaleiros,
A chusma de brasões não cabe em soma.

E (se não mentem certos noveleiros)
A muitos deles concedeu Mafoma
O foro de fidalgos escudeiros.

102
Camões, grande Camões, quão semelhante

Camões, grande Camões, quão semelhante
Acho teu fado ao meu, quando os cotejo!
Igual causa nos fez perdendo o Tejo
Arrostar c'o sacrílego gigante.

Como tu, junto ao Ganges sussurrante
Da penúria cruel no horror me vejo;
Como tu, gostos vãos, que em vão desejo,
Também carpindo estou, saudoso amante.

Ludíbrio, como tu, da sorte dura
Meu fim demando ao Céu, pela certeza
De que só terei paz na sepultura.

Modelo meu tu és... Mas, oh tristeza...
Se te imito nos transes da ventura,
Não te imito nos dons da Natureza.

103
Voaste, alma inocente, alma querida

Voaste, alma inocente, alma querida,
Foste ver outro sol de luz mais pura;
Falsos bens desta vida, que não dura,
Trocaste pelos bens da eterna vida.

Por Deus chamada, para Deus nascida
Já de vãs ilusões vives segura.
Feliz a fé te crê; mas a ternura
C'o punhal da saudade está ferida.

Desgraçado o mortal, insano, insano,
Em dar seu pranto aos fados de quem mora
No palácio do Eterno Soberano;

Perdoa, Anarda, ao triste que te adora:
Tal é a condição do peito humano;
Se a Razão se está rindo, Amor te chora.

104
Sonho ou velo? Que imagem luminosa

Sonho ou velo? Que imagem luminosa,
Esclarecendo o manto à noite escura,
A meus olhos pasmados se afigura,
Sopeia a tua dor, alma saudosa.

De mais vistoso objeto o céu não goza,
A clareza do Sol não é mais pura...
Que encanto! Que esplendor! Que formosura!...
Caiu-te um astro, abóbada lustrosa!

Sorrisos de purpúrea madrugada,
Vós tão gratos não sois... Ah! como inclina
A face para mim branda, apiedada!

Refulgente visão tu és de Ulina;
Tu és cópia fiel da minha amada,
Ou reflexo talvez da luz divina.

105
Ó tu que tens no seio a eternidade

Ó tu que tens no seio a eternidade,
E em cujo resplendor o Sol se acende,
Grande, imutável ser, de quem depende
A harmonia da etérea imensidade.

Amigo, e benfeitor da humanidade,
Da mesma que te nega, e que te ofende,
Manda ao meu coração, que à dor se rende,
Manda o reforço d'eficaz piedade.

Opressa, consternada a natureza
Em mim com vozes lânguidas te implora,
Órgãos do sentimento, e da tristeza;

A tua inteligência nada ignora;
Sabes que, de alta fé, minha alma acesa
Té nas angústias o teu braço adora.

106
Distrai, meu coração, tua amargura

Distrai, meu coração, tua amargura,
Os males que te assanha a fantasia:
Provém da formosura essa agonia?
Seja o seu lenitivo a formosura;

Por mil objetos adoçar procura
O ardor, que lavra em ti de dia em dia;
Mas, ó fatal poder da simpatia!
Ó moléstia d'amor, que não tem cura!

Astúcia exercitar que te resista,
Minha Anália, meu bem, debalde intento,
Está segura em mim tua conquista.

Como hei de minorar-te o vencimento,
Coarctar o império teu, se as mais à vista
Valem menos que tu no pensamento?

107
Ao crebro som de lúgubre instrumento

Ao crebro som de lúgubre instrumento
Com tardo pé caminha o delinquente;
Um Deus consolador, um Deus clemente
Lhe inspira, lhe vigora o sofrimento

Duro nó pelas mãos do algoz cruento
Estreitar-se no colo o réu já sente;
Multiplicada a morte anseia a mente,
Bate horror sobre horror no pensamento.

Olhos, e ais, dirigindo à Divindade,
Sobe, envolto nas sombras da tristeza,
Ao termo expiador da iniquidade.

Das leis se cumpre a salutar dureza;
Sai a alma dentre o véu da humanidade,
Folga a Justiça, e geme a Natureza.

108
Se o grande, o que nos orbes diamantinos

Se o grande, o que nos orbes diamantinos
Tem curvos a seus pés dos reis os fados,
Novamente me der ver animados
De modesta ventura os meus destinos;

Se acordarem na lira os sons divinos,
Que dormem (já da glória não lembrados),
Ao coro eterno cândidos, e alados
Honrar com ele um Deus ireis, meus hinos;

Mas, da humana carreira inda no meio
Se a débil flor vital sentir murchada
Por lei que envolta na existência veio,

Co'a mente pelos Céus toda espraiada,
Direi, de eternidade ufano e cheio:
Adeus, ó mundo! Ó natureza! Ó nada!

109
Sobre os contrários o terror e a morte

Sobre os contrários o terror e a morte
Dardeje embora Aquiles denodado,
Ou no rápido carro ensanguentado
Leve arrastos sem vida o Teucro forte.

Embora o bravo Macedônio corte
Co'a fulminante espada o nó fadado,
Que eu de mais nobre estímulo tocado,
Nem lhe amo a glória, nem lhe invejo a sorte.

Invejo-te, Camões, o nome honroso,
Da mente criadora o sacro lume,
Que exprime as fúrias do Lieu Raivoso,

Os ais de Inês, de Vênus o queixume,
As pragas do gigante proceloso,
O céu de Amor, o inferno do Ciúme.

110
Ave da morte, que piando agouros

Ave da morte, que piando agouros
Tinges meus ares de funéreo luto!
Ave da morte (que em teus ais a escuto)
Meus dias murcharás, mas não meus louros.

Doou-me Febo aos séculos vindouros,
Deponho a flor da vida, e guardo o fruto,
Pagando em vil matéria um vão tributo,
Retenho a posse de imortais tesouros.

Nome no tempo, e ser na eternidade!
Que fado! Ó ponto escuro, assoma embora,
Dê-me o piedoso adeus comum saudade.

E rindo-me na campa os dons de Flora,
Mais do que eles a adorne esta verdade:
"Lísia cantava Elmano, e Lísia o chora".

111
Tu, por Deus entre todas escolhida

Tu, por Deus entre todas escolhida,
Virgem das virgens, tu, que do assanhado
Tartário monstro com teu pé sagrado
Esmagaste a cabeça intumescida;

Doce abrigo, santíssima guarida
De quem te busca em lágrimas banhado,
Corrente com que as nódoas do pecado
Lava uma alma, que geme arrependida;

Virgem, d'estrelas nítidas c'roada,
Do Espírito, do Pai, do Filho eterno
Mãe, filha, esposa, e mais que tudo amada;

Valha-me o teu poder, e amor materno;
Guia este cego, arranca-me da estrada,
Que vai parar ao tenebroso inferno.

112
Vós crédulos mortais, alucinados

Vós crédulos mortais, alucinados
De sonhos, de quimeras, de aparências,
Colheis por uso erradas consequências
Dos acontecimentos desastrados.

Se a perdição correis precipitados
Por cegas, por fogosas impaciências,
Indo cair, gritais que são violências
D'inexoráveis céus, de negros fados.

Se um celeste poder, tirano e duro,
Às vezes extorquisse as liberdades,
Que prestava, ó Razão, teu lume puro?

Não forçam corações as divindades;
Fado amigo não há, nem fado escuro:
Fados são as paixões, são as vontades.

113
Pela voz do trovão corisco intenso

Pela voz do trovão corisco intenso
Clama que à Natureza impera um ente,
Que cinge do áureo dia o véu ridente,
Que veste d'atra noite o manto denso.

Pasmar na imensidade é crer o imenso;
Tudo em nós o requer, o adora, o sente;
Provam-Te olhos, ouvidos, peito e mente?
Nume, eu ouço, eu olho, eu sinto, eu penso!

Tua ideia, ó grão-Ser, ó Ser divino,
Me é vida, se me dão mortal desmaio
Males que sofro e males que imagino.

Nunca impiedade em mim fez bruto ensaio;
Sempre (até das paixões no desatino)
Tua clemência amei, temi teu raio.

114
Lá quando a tua voz deu ser ao nada

Lá quando a tua voz deu ser ao nada,
Frágil criaste, ó Deus, a natureza;
Quiseste que aos encantos da beleza
Amorosa paixão fosse ligada.

Às vezes em seus gostos desmandada,
Nos excessos desliza-se a fraqueza;
Fingem-te então com ímpeto, e braveza,
Erguendo contra nós a destra armada.

Ó almas sem acordo, e sem brandura,
Falsos órgãos do Eterno! Ah!... profanai-o,
Dando-lhe condição tirana e dura!

Trovejai, que eu não tremo, e não desmaio;
Se um Deus fulmina os erros da ternura,
Uma lágrima só lhe apaga o raio.

115
Ó Céus! Que sinto n'alma! Que tormento!

Ó Céus! Que sinto n'alma! Que tormento!
Que repentino frenesi me anseia!
Que veneno a ferver de veia em veia
Me gasta a vida, me desfaz o alento!

Tal era, doce amada, o meu lamento;
Eis que esse deus, que em prantos se recreia,
Me diz: — "A que se expõe quem não receia
Contemplar Ursulina um só momento!

Insano! Eu bem te vi dentre a luz pura
De seus olhos travessos, e c'um tiro
Puni tua sacrílega loucura.

De morte, por piedade hoje te firo;
Vai pois, vai merecer na sepultura
À tua linda ingrata algum suspiro."

116
Vendo, o soberbo Amor, que eu resistia

Vendo, o soberbo Amor, que eu resistia
Ao seu poder com ânimo arrogante,
Mostrou-me um doce, angélico semblante
Que a própria Vênus invejar devia.

Minha néscia altivez, minha ousadia
Em submissão troquei no mesmo instante;
E o deus tirano, achando-me triunfante,
Com voz insultadora me dizia:

"Tu, que escapar às minhas setas queres,
Vil mortal, satisfaze o teu desejo,
Vê, vê Corina, e foge, se puderes".

"Amor (lhe respondi) rendido a vejo;
Adoro os olhos seus, com que me feres,
Venero as tuas leis, teus ferros beijo".

117
Quando à que me rendeu jurava ufano

Quando à que me rendeu jurava ufano
Gostar por ela do funéreo instante,
Dizia a doce amada ao terno amante:
"Inália morre, se morrer Elmano".

O tempo, das paixões, dos bens tirano,
Tornou ferino o divinal semblante
E nos lábios gentis voz fulminante
Vibrou, vibrou-me um raio: — o desengano!

Esperanças, murchai; tu, lisongeiro
Sonho adorável, com que o ser mantive,
Desfaze-te em meu ponto derradeiro.

Mas as cinzas do amante Amor não prive
Dos ais de escravos seus: triste letreiro
Diga: — "Elmano morreu, e Inália vive".

118
Ó retrato da morte, ó noite amiga

Ó retrato da morte, ó noite amiga
Por cuja escuridão suspiro há tanto!
Calada testemunha de meu pranto,
De meus desgostos secretária antiga!

Pois manda Amor que a ti somente os diga,
Dá-lhes pio agasalho no teu manto;
Ouve-os, como costumas, ouve, enquanto
Dorme a cruel, que a delirar obriga.

E vós, ó cortesãs da escuridade,
Fantasmas vagos, mochos piadores,
Inimigos, como eu, da claridade!

Em bandos acudi aos meus clamores;
Quero a vossa medonha sociedade,
Quero fartar meu coração de horrores.

© *Copyright* desta edição: Editora Martin Claret Ltda., 2019.

DIREÇÃO
Martin Claret

PRODUÇÃO EDITORIAL
Carolina Marani Lima
Mayara Zucheli

DIREÇÃO DE ARTE E CAPA
José Duarte T. de Castro

DIAGRAMAÇÃO
Giovana Quadrotti

REVISÃO
Manuela Penna

IMPRESSÃO E ACABAMENTO
Lis Gráfica

Este livro segue o novo Acordo Ortográfico da Língua Portuguesa.

Dados Internacionais de Catalogação na Publicação (CIP)
(Câmara Brasileira do Livro, SP, Brasil)

Bocage, Manuel Maria Barbosa du, 1765-1805.
  Sonetos / Manuel du Bocage. – São Paulo: Martin Claret, 2019.

ISBN 978-85-440-0252-0

1. Poesia portuguesa   I. Título

19-30816   CDD-869.1

Índices para catálogo sistemático:
1. Poesia: Literatura portuguesa   869.1
Cibele Maria Dias - Bibliotecária - CRB-8/9427

EDITORA MARTIN CLARET LTDA.
Rua Alegrete, 62 - Bairro Sumaré - CEP: 01254-010 - São Paulo, SP
Tel.: (11) 3672-8144 - www.martinclaret.com.br
Impresso em 2019

CONTINUE COM A GENTE!

- Editora Martin Claret
- editoramartinclaret
- @EdMartinClaret
- www.martinclaret.com.br

IMPRESSO EM PAPEL
Pólen®
mais prazer em ler